MUST READ — Analiza książki

AF142075

Prawda o sprawie Harry'ego Queberta

• • • • • • • • • • • • • • • •

JOËL DICKER

ANALIZA KSIĄŻKI

Napisany przez Luigia Pattano
Przetłumaczony przez Kâmil Kowalski

Prawda o sprawie Harry'ego Queberta

· · · · · · · · · · · · · · · · · · · ·

JOËL DICKER

Wiedza na wyciągnięcie ręki!

MUST READ

www.50minutes.com

Podszlifuj swoje ulubione tematy
dzięki naszym praktycznym tytułom

JOËL DICKER

SZWAJCARSKI PISARZ FRANCUSKOJĘZYCZNYCH KSIĄŻEK

- **Urodzony w Genewie w 1985 r.**

- **Wybrane prace:**

  - *Tygrys* (2005), opowiadanie

  - *The Final Days of Our Fathers* (2010), powieść

  - *Prawda o sprawie Harry'ego Queberta* (2012), powieść

Francuskojęzyczny Szwajcar, Joël Dicker urodził się w 1985 roku w Genewie. Jest absolwentem prawa, ale zawsze miał prawdziwą pasję do pisania. Pasja ta ujawniła się już we wczesnych latach jego życia: w wieku 10 lat założył magazyn przyrodniczy, który przyniósł mu tytuł "najmłodszego redaktora naczelnego w Szwajcarii". W 2005 r. jego opowiadanie "The Tiger" zostało nagrodzone i opublikowane w ramach konkursu literackiego. Następnie zajął się pisaniem powieści. W 2010 r. *The Final Days of Our Fathers*, historyczna opowieść o brytyjskim wkładzie we francuski ruch oporu, zdobyła nagrodę Geneva Writers, ale została opublikowana dopiero w 2012 r.

PRAWDA O SPRAWIE HARRY'EGO QUEBERTA

EKSCYTUJĄCY THRILLER

- **Gatunek:** Powieść tajemnicza

- **Wydanie referencyjne:** Dicker, J. (2012) *La Vérité sur l'affaire Harry Quebert*. Paris: Éditions de Fallois.

- **Pierwsze wydanie:** 2012 r.

- **Tematy:** śledztwo, morderstwo, pisanie, społeczeństwo informacyjne, sukces

Wydana we wrześniu 2012 roku *Prawda o sprawie Harry'ego Queberta* to druga powieść napisana przez Joëla Dickera. Akcja rozgrywa się na wschodnim wybrzeżu Stanów Zjednoczonych latem 2008 roku. Marcus Goldman, młody powieściopisarz, postanawia zbadać podejrzaną sprawę dotyczącą jego byłego profesora uniwersyteckiego: wielkiego pisarza Harry'ego Queberta, który został oskarżony o zabójstwo starszej pani i 15-letniej dziewczyny, z którymi rzekomo utrzymywał romantyczne stosunki. Historia jest opowiadana w pierwszej osobie przez Marcusa i usiana cytatami z rękopisów wspomnianych w tekście.

Ta powieść kryminalna oferuje nam migawkę współczesnego amerykańskiego społeczeństwa i ciekawe spostrzeżenia na różne tematy: miłość, przyjaźń, pisanie, sukces, a nawet społeczeństwo informacyjne.

STRESZCZENIE

Powieść składa się z trzech części, z których każda posiada tytuł i podtytuł, w których mowa jest o pracy pisarskiej narratora. Każda część podzielona jest dalej na rozdziały ponumerowane w porządku malejącym. Liczba rozdziałów odpowiada liczbie rad, których Harry Quebert udzielił Marcusowi Goldmanowi, gdy ten był jego profesorem. Te rady są przedstawione na początku każdego rozdziału. Zwróć uwagę, że to streszczenie nie jest zgodne ze strukturą powieści.

ZABÓJCZA MIŁOŚĆ

Nowej, cenionej gwieździe amerykańskiej literatury wraz z wydaniem w 2006 roku swojej pierwszej powieści, Marcusowi Goldmanowi brakuje inspiracji. Pod naciskiem swojego wydawcy, Roya Barnaskiego, dzwoni do swojego dawnego nauczyciela, pisarza Harry'ego Queberta, który zaprasza go do spędzenia kilku tygodni w swoim domu w Aurorze. 6 marca 2008, podczas pobytu w domu Harry'ego Marcus poznaje straszną prawdę: latem 1975 roku Harry, wówczas 34-letni, utrzymywał romantyczny związek z Nolą Kellergan, która miała zaledwie 15 lat. 30 sierpnia tego samego roku, w tajemniczy sposób zniknęła.

12 czerwca 2008 Marcus odbiera telefon od Harry'ego, który informuje go, że w ogrodzie Goose Cove, jego domu, odkryto ciało Noli. Harry staje się pierwszym podejrzanym nie tylko o zabójstwo dziewczyny, ale także starszej kobiety, Deborah Cooper. Media chwytają się tej historii, która zyskuje jeszcze

większą uwagę po tym, jak Harry wyznaje, że był zakochany w Noli. Harry zostaje zatrzymany, a Marcus przenosi się do Goose Cove, by być blisko przyjaciela.

Podczas pobytu w więzieniu Harry ujawnia, że on i Nola planowali uciec razem wieczorem 30 sierpnia. Prosi też Marcusa o spalenie rękopisu *Geneza zła*, arcydzieła, które kilka lat wcześniej zapoczątkowało jego karierę. Bardzo szybko powieść wywołuje skandal, gdy prasa ogłasza, że Harry napisał ją dla Noli.

BURZLIWE DOCHODZENIE

18 czerwca 2008 roku Marcus rozpoczyna śledztwo w sprawie morderstw z 1975 roku, chcąc ujawnić prawdę i oczyścić imię swojego przyjaciela. Przepytuje mieszkańców Aurory. Dowiaduje się od szefa policji, Travisa Dawna, że jedyny ówczesny dowód, czarny Chevrolet, skierował ich podejrzenia na Harry'ego. Podczas oględzin miejsca zbrodni spotyka sierżanta Perry'ego Gahalowooda, który nakazuje mu nie mieszać się do śledztwa. Niedługo potem Marcus zaczyna otrzymywać anonimowe pogróżki i ktoś podpala Corvettę Harry'ego.

Przez cały czas trwania śledztwa Marcus nadal odwiedza Harry'ego. Ujawnia mu pewne fakty dotyczące jego romansu z Nolą. Mówi mu, że latem 1975 roku chodził do Clarka, by pracować nad swoją powieścią i obserwować Nolę, w której był zakochany. Wspomina też dzień, który spędził sam na sam z Nolą w Rockland i opowiada, jak zakochała się w nim Jenny, kelnerka Clarka. Bojąc się swoich uczuć do Noli, Harry postanowił umówić się z Jenny. Kiedy Marcus pyta Jenny o jej związek z Harrym, ta przyznaje, że zawsze była w nim zakochana.

Podczas jednej z wizyt Harry opowiada Marcusowi o swoim drugim wyjściu z Jenny. Nola widziała ich razem i wpadła w zazdrosny szał. Tego wieczoru Harry zaczął pisać swoją powieść.

Marcus przepytuje następnie matkę Jenny. Mówi mu, że latem 1975 roku odkryła dokument potwierdzający uczucia Harry'ego do Noli. Po pokazaniu szefowi policji, Prattowi, ukryła go w sejfie Clarka, ale dokument w tajemniczy sposób zniknął. Kiedy Marcus przesłuchuje Roberta Quinna, ojca Jenny, ten przyznaje, że na prośbę Noli ukradł i spalił notatkę Harry'ego, którą jego żona trzymała w sejfie, tłumacząc w ten sposób jej zniknięcie.

Biorąc pod uwagę szum wywołany tą sprawą, Barnaski proponuje, aby Marcus wykorzystał sytuację i wydał książkę na ten temat. Pewnego dnia, ogarnięty potężną chęcią pisania, Marcus zaczyna pisać książkę o Harrym. Później podpisze kontrakt z Barnaskim.

WINNY PODEJRZANY

22 czerwca 2008 roku Marcus przesłuchuje wielebnego Davida Kellergana, ojca Noli. Dowiaduje się również, że przy ciele Noli znaleziono manuskrypt *Geneza zła*, na którym widnieje napis: "Żegnaj, moja droga Nolu". Cztery dni później Nancy Hattaway, dawna przyjaciółka Noli, wyznaje młodemu powieściopisarzowi, że Nola skarżyła się na to, że jest bita przez matkę i że miała związek z niejakim Elijah Sternem.

To właśnie kierowca Sterna, Luther Caleb, odebrał ją w Aurorze. Kiedy Marcus opowiada Harry'emu wszystko, czego się dowiedział, Harry przyznaje się do przyczyn swojego planu ucieczki z Nolą: przemocy, której dziewczyna doznawała w domu.

Następnie Marcus odkrywa, że w 1975 roku Stern był właścicielem Goose Cove i postanawia udać się do jego domu. Tam znajduje płótno podpisane "L.C.", które przedstawia nagą Nolę. W tym czasie Harry postanowił opuścić Goose Cove, po letnim balu w Aurorze, ponieważ brakowało mu pieniędzy, ale Stern poprosił go, by pozostał jego gościem.

Marcus dzieli się swoimi odkryciami z sierżantem Gahalowoodem, który w końcu uznaje jego wkład. Sierżant dowiaduje się, że Caleb zginął w wypadku samochodowym 26 września 1975 roku.

3 lipca 2008 roku Gahalowood i Marcus przesłuchują komendanta Pratta, który przyznaje się do kontaktów seksualnych z Nolą. Zostaje oskarżony o czyny seksualne z nieletnią. Policja przeszukuje również dom Sterna: zostaje zarekwirowane zdjęcie przedstawiające Nolę. 9 lipca, dochodzenia ujawniają, że wiadomość napisana na manuskrypcie *Geneza zła* nie była od Harry'ego i po analizie pisma, zostaje wypuszczony na wolność.

Kilka dni później Gahalowood przesłuchuje Sterna i odkrywa, że jest on homoseksualistą. Nola poprosiła go o pracę, by móc zamiast tego zapłacić Harry'emu czynsz za Goose Cove. Przyjęła propozycję Caleba, by pozować nago do obrazów.

Pojawiają się jednak nowe zagrożenia i ktoś podpala Goose Cove. Policja znajduje puszkę gazu na miejscu, z którego uzyskują cyfrowe odciski palców. Harry wyrzuca Marcusa z domu z powodu książki, którą Marcus pisze.

18 lipca Gahalowood i Marcus przesłuchują siostrę Caleba. Opowiada im historię swojego brata: jak został napadnięty w wieku 18 lat, o samotności, która po tym nastąpiła, propozycję pracy Sterna, jego pasję malarską itp. Mówi im również, że był zakochany w Noli i że zniknął kilka dni przed nią. Podejrzenia kierują się teraz w stronę Caleba.

Sierżant dowiaduje się również, że zginął on w czarnym Chevrolecie. Gahalowood i Marcus składają następnie wizytę policjantowi, który prowadził śledztwo w sprawie śmierci Caleba: w tym czasie powiązał ją ze zniknięciem Noli, ale Pratt ją odrzucił. W związku z tym, decydują się odwiedzić Pratt, ale znajdują go martwego.

30 lipca 2008 roku odbył się pogrzeb Noli. 3 sierpnia śledztwo grafologiczne ujawnia, że Caleb był odpowiedzialny za napis na manuskrypcie, który Nola miała przy sobie. Raport stwierdza zatem, że Luther Caleb był mordercą Noli Kellergan i Deborah Cooper. Pod koniec miesiąca Marcus kończy swoją książkę: *Sprawa Harryego Queberta*. Po jej wydaniu powieść odnosi natychmiastowy sukces.

STRASZNA PRAWDA

Kilka tygodni później Gahalowood dzwoni do Marcusa, by powiedzieć mu o strasznym odkryciu: Matka Noli zmarła w 1969 roku, sześć lat przed zniknięciem córki. Następnie decydują się na podróż do Alabamy, gdzie odkrywają, że Louisa Kellergan zginęła w pożarze domu celowo wznieconym przez jej córkę. Nola w wieku 9 lat zabiła swoją matkę. Była egzorcyzmowana poprzez ciągłe bicie, które miało uwolnić ją od zła. Nola miała wtedy rozdwojenie jaźni: wydawało jej się, że przyjmując rolę matki, bije samą siebie.

Tymczasem Harry znika i pozostawia Marcusowi rękopis zatytułowany Mewy z Aurory.

Ojciec Kellergan potwierdza słowa pastora i wyjaśnia, że opuścili Alabamę w nadziei, że Nola wyzdrowieje. Ale wieczorem 30 sierpnia 1975 roku Nola przeżyła straszny kryzys. Wielebny znalazł na jej łóżku list, ten sam, który pojawia się na końcu *Genezy zła*. Kiedy wydaje się, że śledztwo utknęło w martwym punkcie, policja odkrywa, że odciski palców zidentyfikowane na puszce gazu znalezionej w pobliżu Goose Cove należą do Roberta Quinna.

Po wyśledzeniu nowego podejrzanego, Gahalowood przeprowadza przeszukanie jeziora Montburry. Nurkowie znajdują pistolet i złoty naszyjnik z wypisanym na nim imieniem "Nola". Przesłuchiwany Travis, mąż Jenny, kieruje podejrzenia na ojczyma, dostarczając fałszywych dowodów. Robert przyznaje się do zabicia Noli i Deborah Cooper, ale jego historia nie zgadza się z innymi dowodami znalezionymi podczas śledztwa.

Dlatego Gahalowood zdaje sobie sprawę, że dowody dostarczone przez Travisa są fałszywe. Robert w końcu przyznaje, że chroni swoją córkę Jenny i Travisa, którzy wraz z Prattem byli prawdziwymi sprawcami zabójstw Noli Kellergan, Deborah Cooper i Luthera Caleba. Co więcej, to właśnie Travis zabił

Pratta, gdyż ten miał ujawnić ich zbrodnie. Jenny i Travis zostają następnie aresztowani.

18 grudnia 2008 roku Harry pojawia się w domu Marcusa. Marcus mówi mu, że Stern był częścią gangu, który napadł na Caleba, gdy ten miał 18 lat. Zatrudnił go, bo czuł się winny. Kiedy Stern pokazał mu korespondencję między Calebem a Nolą, Marcus zrozumiał, że Caleb jest autorem *Genezy zła*. Harry napisał tylko *Mewy z Aurory*. Harry wyjaśnia, że kiedy Caleb dał mu swój rękopis do przeczytania, od razu wiedział, że to arcydzieło. Po śmierci Caleba, postanowił przywłaszczyć sobie opowieść: zbudował więc swoją karierę na kłamstwie. Przed ostatecznym wyjazdem Marcusa, Harry prosi go, by napisał prawdę o swojej historii.

STUDIUM POSTACI

MARCUS GOLDMAN

Marcus, główny narrator, jest odnoszącym sukcesy młodym pisarzem. Urodzony w rodzinie z klasy średniej, zawsze miał jedną jedyną ambicję: zostać sławnym autorem. W chwili wybuchu afery Queberta, w 2008 roku, ma 30 lat i jest już autorem pierwszego bestsellera. Przygotowuje się też do wydania drugiego. O jego wyglądzie nie wiemy prawie nic, poza tym, że kilka postaci uważa go za atrakcyjnego.

Jeśli chodzi o jego przeszłość, sam o niej opowiada (rozdziały 30 i 28), nawiązując do lat spędzonych w Newark High School i studiów uniwersyteckich w Burrows. Niezdolny do podejmowania wyzwań, bo przerażała go porażka, Marcus zdołał dać innym niezwykły obraz siebie, oszukując swoje zdolności i unikając konfrontacji z tymi, którzy mogliby go pokonać. W szkole średniej nadano mu przydomek "Wspaniały". W Burrows kluczowe było jego spotkanie z Harrym Quebertem, nauczycielem literatury i znanym pisarzem. To właśnie wtedy Marcus uświadomił sobie swój prawdziwy talent. Harry popychał go do przekraczania swoich granic. Nawiązali szczególną relację nauczyciel-uczeń. Podczas spotkań Harry dawał mu rady dotyczące pisania czy życia poprzez opowieści o boksie, ich wspólnej pasji.

Kiedy 12 czerwca 2008 roku wybucha afera Harry'ego Queberta, Marcus rozumiał, że musi pojechać do New Hampshire, by bronić swojego nauczyciela i przyjaciela.

Zaczyna badać tajemnicze wydarzenia z 1975 roku, pomagając sierżantowi Gahalowoodowi. Wyniki pierwszej części śledztwa są tematem jego pierwszej książki: *Sprawa Harry'ego Queberta*, która ukazuje się jesienią 2008 roku. Kolejne odkrycia skłaniają go do rozpoczęcia pisania drugiej książki: *Prawda o sprawie Harry'ego Queberta*.

HARRY QUEBERT

Harry Quebert ma 67 lat, gdy 12 czerwca 2008 roku zostaje zatrzymany przez policję. Jest głównym podejrzanym o śmierć Noli Kellergan i Deborah Cooper, które zostały zamordowane 30 sierpnia 1975 roku.

Wiemy, że zawsze był bardzo elegancki. W młodości mieszkał w Nowym Jorku, gdzie uczył i marzył o zostaniu wielkim pisarzem. Latem 1975 roku zamieszkał w Aurora w New Hampshire, gdzie mimo różnicy wieku zakochał się w Noli. Przeżył z nią wspaniały romans, który zainspirował go do napisania powieści: *Mewy z Aurory*. Na krótko przed zniknięciem Noli, Luther Caleb dał mu do przeczytania i skomentowania swój pierwszy utwór. Harry natychmiast uznał, że opowiadanie Caleba to arcydzieło. Po zniknięciu Noli i śmierci Caleba postanowił przejąć na własność książkę, którą w 1976 roku wydał pod tytułem *Geneza zła i* która przyniosła mu literackie uznanie. W 2008 roku aresztowanie i odkrycie jego związku z 15-letnią dziewczyną skłaniają go do upadku. Przytłoczony wstydem wyznaje wszystko Marcusowi, ale odrzuca jego przyjaźń.

NOLA KELLERGAN

Nola Kellergan była jedyną córką Davida i Louisy Kellergan, ewangelistów ze stanów południowych. Urodzona w 1960 roku w Jackson w Alabamie, Nola przeprowadziła się z ojcem do Aurory jesienią 1969 roku. Mieszkańcy pokochali tę dziewczynę, która była "łagodna i opiekuńcza, dobra we wszystkim i zawsze promienna" (s. 65).

Podczas śledztwa Marcus dowiaduje się, że w wieku 15 lat była "ładną, młodą kobietą o ślicznych nogach, obfitych piersiach i twarzy anioła" (s. 172). Miała blond falujące włosy i zielone oczy. Już wtedy zawracała mężczyznom w głowie. Dowiaduje się też, że jej radosna osobowość skrywała ciężką psychozę, która spowodowała śmierć matki i przemoc, którą sama sobie zadawała.

Latem 1975 roku miała romantyczny związek z Harrym Quebertem, który został przerwany 30 sierpnia 1975 roku, w dniu jej zaginięcia i śmierci. Jej ciało zostało znalezione 30 lat później, 12 czerwca 2008 roku, w ogrodzie Harry'ego, kiedy sadził swoje hortensje. To właśnie to odkrycie zapoczątkowało śledztwo w 2008 roku.

PERRY GAHALOWOOD

Perry Gahalowood jest sierżantem oddziału kryminalnego policji stanowej. Wiemy, że jest czarny i jest zwolennikiem Baracka Obamy. Jego budowa ciała jest potężna i krępa, a jego grubiańskie sposoby bycia mogą wywołać złe pierwsze wrażenie. Marcus opisuje go jako "surowego człowieka, który jest bardzo uparty" (s. 112). Prowadząc śledztwo w sprawie śmierci Noli Kellergan, podczas ich pierwszego spotkania przyjmuje bardzo surową postawę wobec pisarza. Stopniowo jednak zaprzyjaźniają się i współpracują przy sprawie. Szybko przekonujemy się, że sierżant jest w rzeczywistości bardzo łagodnym i wrażliwym człowiekiem, zgorzkniałym z powodu swojej pracy. To właśnie on wspiera Marcusa w najtrudniejszych momentach śledztwa.

TRAVIS DAWN

W 2008 roku Travis Dawn jest szefem policji w Aurorze i jest żonaty z Jenny. Brał udział w śledztwie dotyczącym zaginięcia Noli i śmierci Deborah Cooper w 1975 roku. Marcus przesłuchuje go kilkakrotnie. Jego wygląd jest zwodniczy: Travis zawsze wydaje się dostępny i przyjazny, nigdy się nie złości. Jednak pod koniec opowieści odkrywamy, że jest on odpowiedzialny, wraz z komendantem Prattem, za śmierć trzech osób: Luthera Caleba, Noli Kellergan i Deborah Cooper. Zabija też swojego byłego szefa i wspólnika, zanim ujawni prawdę o ich działaniach.

SZEF PRATT

Komendant Pratt był szefem policji w Aurorze latem 1975 roku. Jest człowiekiem bardzo łagodnym, jednak skompromitował się wtedy, nawiązując stosunki seksualne z Nolą Kellergan. W 1975 roku prowadził śledztwo w sprawie śmierci, za które był odpowiedzialny wraz z policjantem Travisem Dawnem. Zarówno detektyw, jak i morderca, jest przytłoczony ogromnym poczuciem winy. Jesienią 2008 roku ma zamiar wyjawić wszystko policji, ale Travis zabija go, zanim zdąży się odezwać.

LUTHER CALEB

Luther Caleb w śledztwie został przedstawiony dwukrotnie jako ofiara i dwukrotnie jako kozioł ofiarny. Ofiara niezwykle brutalnego napadu, który zdeformował jego ciało i życie od 18 roku życia, był człowiekiem, który przerażał ludzi swoim wyglądem, ale był zdolny do wielkiej słodyczy. Bardzo dobry w sztuce, był doskonałym malarzem, jak również świetnym pisarzem. W 1975 roku, zakochany w Noli, którą malował całymi dniami, napisał dla niej wyjątkową powieść, którą była *Geneza zła*. W tym samym roku został brutalnie zamordowany.

ELIJAH STERN

Elijah Stern to jeden z najbogatszych ludzi w New Hampshire i były właściciel Goose Cove, nadmorskiego domu, w którym Harry mieszkał przez trzydzieści lat.

Kiedy w młodszych latach był na uniwersytecie, należał do gangu o nazwie "Field goal", który przez kilka weekendów wywoływał terror na Maine. Pijany, on i jego przyjaciele bili każdego, kto przeszedł im drogę, zabawiając się kopaniem ludzi w głowę, jakby to była piłka. Trwało to do czasu, gdy natknęli się na Luthera Caleba: ten ostatni atak był tak gwałtowny, że omal nie umarł. Stern długo zachowywał ten sekret, który go dręczy. Aby wynagrodzić swój błąd, zatrudnia Luthera jako kierowcę i daje mu wszystko, o co ten poprosi. Pozwala mu malować Nolę nago w swoim domu, aby zaspokoić swoje pragnienia. Podczas śledztwa w 2008 roku uważa się, że miał romans z Nolą Kellergan. Tak naprawdę Stern jest gejem.

RAY BARNASKI

Roy Barnaski jest redaktorem Marcusa, właścicielem prestiżowego wydawnictwa Schmid & Hanson. Obdarzony silnym zmysłem biznesowym, często dzieli się z Marcusem swoimi opiniami na temat branży wydawniczej, a także interesów i potrzeb społeczeństwa. To prawdziwy rekin w swojej dziedzinie, człowiek potężny i pozbawiony skrupułów, który prosi swoich autorów o tandetne książki "z suspensem, nikczemnością i nutką seksu". Oferuje Marcusowi milionowy kontrakt w zamian za książkę o sprawie Harry'ego Queberta.

ANALIZA

POWIEŚĆ TAJEMNICZA

Cechy powieści tajemniczej

Prawda o sprawie Harry'ego Queberta należy do gatunku powieści detektywistycznej. Bardzo zakodowany i łatwo rozpoznawalny, gatunek ten może jednak przybierać co najmniej trzy różne formy (lub podgatunki): powieść tajemnicza, fikcja noir i powieść sensacyjna.

Powieść detektywistyczna może charakteryzować się tym, że skupia się na poważnej, prawnie nagannej (lub tak powinno być) zbrodni. Wyzwaniem jest, w zależności od powieści, ustalenie, kto popełnił tę zbrodnię (powieść tajemnicza) i jak położyć jej kres i/lub zatriumfować nad osobą, która ją popełniła (fikcja noir) lub jak jej uniknąć (powieść thriller).

Dlatego też ramy powieści są zarówno prawne, jak i kryminalne, ponieważ powieść tajemnicza stanowi symboliczny punkt odniesienia, z pewnymi determinującymi elementami strukturalnymi: zewnętrznym śledczym zajmującym się sprawą, podwójną i regresywną strukturą (śledztwo rozpoczyna się po zbrodni, ale w miarę postępów rekonstruuje to, co wydarzyło się przed zbrodnią), zasadniczym miejscem przyznanym kodowi hermeneutycznemu (postawione pytanie i opóźnienie w jego rozwiązaniu: enigma, tajemnice, częściowe rozwiązanie, wskazówka, wabik, dwuznaczność...), uogólnienie tajemnicy (każdy coś ukrywa), powszechna podejrzliwość, opozycja między bytem a pozorem...Powieść tajemnicza jest skonstruowana poprzez przyznanie central-nego miejsca śledztwu, które konstruuje historię zbrodni (Reuter, 1997: 9-10).

W świetle tej analizy powieści detektywistycznej widać wyraźnie, że fabuła powieści Dickera należy do podgatunku powieści tajemniczych. Zauważ w szczególności:

- Obecność co najmniej jednej ofiary (na początku powie-ści), która uruchamia śledztwo);

- Struktura dualna złożona z dwóch historii (zbrodni i śledz-twa, przy czym celem drugiej jest rekonstrukcja pierwszej);

- Intelektualna gra między detektywem a przestępcą, która podwaja się jako intelektualna gra między autorem a czy-telnikiem;

- Specyficzny sposób porządkowania informacji o przestęp-stwie za pomocą wskazówek i wabików.

Ofiary, detektywi i śledztwo

Jak każda powieść detektywistyczna, *Prawda o sprawie Harry'ego Queberta* przedstawia ofiarę już na początku tek-stu: w rozdziale 30 narrator ogłasza odkrycie ciała Noli Kellergan, zaginionej od 33 lat. To wydarzenie uruchamia śledztwo sierżanta Gahalowooda w sprawie zabójstw Noli i Deborah Cooper, drugiej ofiary, która również została zamor-dowana wieczorem 30 sierpnia 1975 roku. W miarę postępów fabuły z przeszłości wyłaniają się kolejne ofiary: Louise Kellergan i Luther Caleb, których tajemnicze śmierci nigdy nie zostały zbadane. Wreszcie jeden z przestępców staje się ofiarą: były szef policji, Pratt. Tylko on uosabia trzy typowe postaci gatunku detektywistycznego: mordercę (w nocy 30 sierpnia 1975 roku), detektywa w sprawie śmierci Deborah Cooper i zaginięcia Noli (wrzesień-październik 1975 roku) oraz ofiarę (w 2008 roku).

Taka obfitość ofiar komplikuje fabułę, tym bardziej że idzie w parze z obfitością winowajców: Chief Pratt i Travis Dawn (odpowiedzialni za morderstwa), Harry Quebert (za kradzież manuskryptu *Geneza zła* i popełnienie redakcyjnej fikcji), Elijah Stern (odpowiedzialny za napaść na Luthera Caleba) i Nola Kellergan (za zabicie własnej matki).

Odkrycie ciała Noli skłania do rozpoczęcia śledztwa, którego celem jest rozwiązanie zagadki za pomocą wskazówek i logicznego rozumowania. W tej powieści śledztwo jest podwojone, a nawet zwielokrotnione. Narrator, Marcus Goldman, prowadzi własne badania, aby oczyścić imię Harry'ego Queberta, gdyż został on oskarżony o podwójne morderstwo i porwanie. To śledztwo początkowo sprzeciwia się oficjalnym poszukiwaniom, które oskarżały Harry'ego Queberta na podstawie dwóch elementów: odkrycia ciała Noli w ogrodzie pisarza oraz obecności manuskryptu *Geneza zła* w torbie ofiary. Śledztwa te łączą się, gdy sierżant Gahalowood przyjmuje datki od Marcusa Goldmana. Pod koniec opowieści prowadzone jest trzecie śledztwo: w sprawie autorstwa *Geneza zła* i *Mewy z Aurory*.

Gra intelektualna

Każdy kryminał opiera się na intelektualnej grze: pisarz proponuje odbiorcy zagadkę i w tym celu rozrzuca w tekście wskazówki (np. raport ze śledztwa z 1975 roku), a także wabiki (rzekoma przemoc matki Noli), które mają posunąć naprzód lub oddalić założenia czytelnika. Między obiema instancjami zawiązuje się więc pakt, który w przypadku kryminału przekłada się na absolutną akceptację czytelnika dla dostarczanych przez autora informacji. W zamian autor musi zwracać szczególną uwagę na kolejność swoich rewelacji: chodzi o to, by wyprzedzać czytelnika o krok, w przeciwnym razie możliwe byłoby odgadnięcie końca historii przed jej zakończeniem i tym samym zniszczenie wszelkiego napięcia.

Ta intelektualna gra jest podwojona przez drugie wyzwanie podane przez Harry'ego do Marcusa, a rozszerzone do czytelników: rzuca światło na manuskrypt *Geneza zła*, jako dodatkową zachętę, świadomość, że będzie to nieodwracalnie koniec ich przyjaźni.

Na koniec zauważ, że powieść ta prezentuje jeszcze jedną cechę gatunku detektywistycznego: śledztwo ma, na ogół, ściśle określony czas, który jest dość krótki. Choć dotyczy zbrodni popełnionych 33 lata temu, śledztwo w sprawie śmierci Noli Kellergan i Deborah Cooper trwa około pięciu miesięcy: od lata do jesieni 2008 roku. Narrator dba o to, by precyzyjnie i rygorystycznie informować nas o datach. Wiemy, że oficjalne śledztwo rozpoczyna się 12 czerwca 2008 roku i kończy się na początku listopada.

DALSZA REFLEKSJA

KILKA PYTAŃ DO PRZEMYŚLENIA...

• Marcus zdaje się odrzucać literacką wizję swojego wydawcy, ale czy jego książka i działalność rzeczywiście sprzeciwiają się ideom Barnaskiego?

• Pod koniec powieści dowiadujemy się, że Harry zbudował swoją karierę na wielkim kłamstwie. Czy widzicie jakieś podobieństwa między jego postacią a narratorem?

• Udzielając czternastej rady Marcusowi, Harry mówi: "Nasze społeczeństwo zostało tak zaprojektowane, że trzeba stale wybierać między rozsądkiem a pasją. Rozum nigdy nie przyniósł nikomu nic dobrego, a pasja jest zawsze destrukcyjna". Skomentuj ten cytat. Czy Twoim zdaniem Harry w swoim związku z Nolą skłaniał się bardziej ku rozsądkowi czy pasji?

• W powieści *Geneza zła*, arcydziele Harry'ego Queberta/Luthera Caleba, jest nie tylko wysoko oceniane przez krytyków, ale także przez publiczność. Sprzedaje się bardzo dobrze. Wydaje się to sugerować następującą hipotezę: dobra książka czyni bestseller. Czy Twoim zdaniem bestseller to zawsze dobra książka? Czy są jakieś wyjątkowe książki, które nie są bestsellerami?

• Metanarracja uważana jest za cechę charakterystyczną dla XX wieku, z okresu, który historycy literatury nazywają postmodernizmem. Wyjaśnij jej cechy w książce *Prawda o sprawie Harry'ego Queberta*. Czy znasz inne utwory współczesnej literatury francuskiej, które prezentują metanarrację?

- W jakim stopniu można powiedzieć, że ta powieść jest związana z fikcją noir? W swojej odpowiedzi porównaj ją z kilkoma znanymi przykładami.

DALSZE CZYTANIE

WYDANIE REFERENCYJNE

Dicker, J. (2012) *La Vérité sur l'affaire Harry Quebert*. Paris : Éditions de Fallois.

BADANIA REFERENCYJNE

Dubois, J. (1992) *Le Roman policier ou la Modernité*. Paris : Nathan.

Reuter, Y. (1997) *Le Roman policier*. Paris : Nathan.

Chcemy usłyszeć od Ciebie, co się dzieje!
Zostaw komentarz na temat swojej internetowej biblioteki
i podziel się swoimi ulubionymi książkami w mediach społecznościowych!

MUST READ

Dlaczego warto wybrać Must Read?

Dowiedz się wszystkiego, co musisz
wiedzieć o książce dzięki naszym zwięzłym i
dogłębnym streszczeniom i analizom!

**Odkryj to, co najlepsze w literaturze
w zupełnie nowym świetle!**

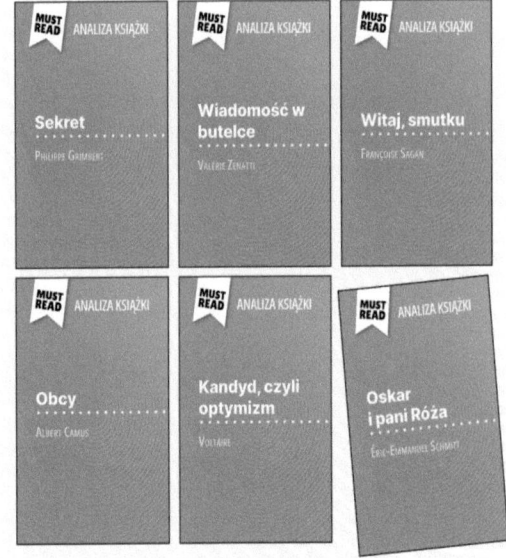

www.50minutes.com

Wydawca zapewnia o wiarygodności publikowanych informacji,
co jednak nie może wiązać się z jego odpowiedzialnością.

© 50minutes.com, 2023. Wszelkie prawa zastrzeżone.

www.50minutes.com

Master ISBN: 9782808693387
Papierowy ISBN: 9782808614788
Depozyt prawny: D/2023/12603/1758

Verhaal: © Primento

Projekt cyfrowy: Primento, cyfrowy partner wydawców.